www.tredition.de

Claudia Mosebach

Hand aufs Horn

Meine Ochsen, das Leben und ich

www.tredition.de

Verlag und Druck:
tredition GmbH, Halenreie 40-44, 22359 Hamburg

ISBN
Paperback: 978-3-347-36269-7
Hardcover: 978-3-347-36270-3
e-Book: 978-3-347-36271-0

Einleitung

Im November 2017 trat, vielmehr plumpste, Mio in mein Leben. Ein Bullenkalb der Rinderrasse Braunvieh.

Bis dahin hatte ich es als Reitlehrerin hauptsächlich mit Pferden und ihren Menschen zu tun. Habe immer wieder angebliche Problempferde vorgestellt bekommen, die schlicht und ergreifend ihrem Wesen entsprechend nicht gut gefördert und gehalten worden sind. Oder denen im Laufe ihrer „Ausbildung" und ihres Lebens jeglicher Glanz und Freude abhandengekommen ist.

Manche dieser Pferde ziehen sich in ein mentales Schneckenhaus zurück, wieder andere machen durch Lautstärke und Agressivität auf sich aufmerksam, noch andere frieren geradezu ein. Sind depressiv.

In meinem Buch „Im Dialog mit Nelli" beleuchte ich diese Beziehung zwischen Pferd und Mensch aus meiner Sicht und gebe den Pferden durch Nelli eine Stimme und ein Gesicht.

Und dann kamen Mio und Deus und all die anderen Kühe, Ochsen, Färsen, Kälber und Stiere in mein Leben. Mit ihnen begann ein nächstes, spannendes Kapitel in meinem Leben. Immer schon hatte ich eine Begeisterung für Rinder, fand diese Tiere wunderschön. Hatte allerdings so gar keine keine Ahnung, um was für erstaunliche Wesen es sich wirklich handelt!

Schon immer bekomme ich die Gefühle aller Tiere ungefiltert und sehr direkt übermittelt. Ich fühle die Freude, die Angst, die Wut, die Hilflosigkeit, die Trauer und die Liebe, eben die ganze große Gefühlswelt sehr klar und körperlich. Alle Gefühle sind natürlich auch den Tieren und nicht nur uns Menschen eigen.

Dadurch finde ich einen direkten Zugang zu Ihnen und bin somit eine Art Dolmetscher zwischen den Spezies geworden. Für mich ist die Kommunikation mit Tieren mein Leben lang etwas völlig Selbstverständliches.

Wenn Mensch und Tier aufeinandertreffen, entsteht Energie. Wenn Mensch und Mensch zusammenkommen, übrigens auch. Wir Menschen haben nur sehr oft verlernt, darüber zu kommunizieren bzw. sie zu fühlen.

Ich bin sehr dankbar für meine Gabe.

Denke aber auch, dass der Begriff Tierkommunikation inzwischen ein fast missbräuchlicher Begriff ist. Viele findige und vor allem geschäftstüchtige Menschen nutzen ihn, um verzweifelten Menschen das Geld aus der Tasche zu ziehen und ihnen die Tränen in die Augen zu treiben. Durch Fotos wollen sie erkennen was den Tieren „fehlt" oder was diese „sagen" möchten. Von dieser Art möchte ich mich sehr klar distanzieren!

Ich bin sicher, Tierkommunikation kann in gewisser Weise funktionieren. Und zwar zwischen Mensch und Tier vor Ort.

In direktem Kontakt, aufeinander eingehend, die gegenseitige Körpersprache und Energie lesend und so miteinander in einem „Gespräch".

(Tier) Kommunikation ist für mich die Energie, die zwischen zwei Lebewesen schwingen kann, wenn sie zur gleichen Zeit am gleichen Ort und in Kontakt sind. Und ja, wer sich drauf einlässt, erlebt die schönsten Momente. Ob mit Pferd, Rind, Hund, Katze oder, oder, oder…

Jede Art hat neben ihren ganz eigenen Bedürfnissen auch eine ganz eigene Art der Kommunikation. Nonverbal.

Wenn wir unseren Tieren zugestehen, weitestgehend ihren Bedürfnissen entsprechend leben zu können. (Ich gebe zu, manchmal eine Herausforderung und in unserer beengten Welt oft nur unter Kompromissen möglich)

Sie sich in geschütztem Rahmen entwickeln können, ohne in ein Schema gepresst zu werden, gehen sie in Kontakt.

Achten und respektieren den Menschen, gehen vielleicht sogar eine Freundschaft oder sogar innige Beziehung mit diesen ein.

Aber es liegt immer an uns! Wir Menschen haben die Verantwortung. Wir formen die uns Anvertrauten. Durch das, was gemeinhin als Erziehung und/oder Prägung bezeichnet wird.

Wir möchten am liebsten einen nervenstarken, gehorsamen Begleiter, der mit uns durch „Dick und Dünn" geht. Der für uns über sich hinauswächst. Als Team.

Pferde, Rinder, aber auch Hunde zum Beispiel sind sehr wohl in der Lage, in geschütztem Rahmen, Verantwortung für sich und ihr Handeln zu übernehmen. In Kontakt.

Inzwischen sind meine Ochsen für mich genauso liebgewonnene Begleiter wie die Pferde. Jeden Tag staune und schmunzle ich über die enge Bindung zu mir und den anderen Lieblingsmenschen, sowie der hohen Lernbereitschaft der Beiden. Sie sind gesellig, lustig, pfiffig und höchst sozial, sowie extrem empathisch.

Die folgende Geschichte basiert auf meinen Gefühlen und Wahrnehmungen im Umgang mit ihnen und den anderen Kühen respektive Rindern und dem Bullen von denen die Rede sein wird. An dieser Stelle möchte ich mich ganz herzlich bei Sebastian M. bedanken, der mit Leib und Seele ökologische Landwirtschaft betreibt und in dessen Herde ich die ersten Kontakte zu Kühen geknüpft habe. Stunden mit den Tieren verbracht habe, mich und meine Wahrnehmung mit in die Arbeit einbringen konnte. Danke auch für die vielen wunderbaren Gespräche und den Austausch auf Augenhöhe.

Mir ist sehr wohl bewusst, dass wir in einer lauten, hektischen Welt leben, in der wenig Platz, auch für Gefühle, ist.

Da ist es umso wohltuender, in die tiefe Ruhe eines zufriedenen, oder besser noch, zwei zufriedener Ochsen einzutauchen. Gestärkt aus dieser Begegnung heraus zu gehen.

Um mit Freude das in Empfang zu nehmen, was da noch kommt.

Und nun übergebe ich Mio die Tastatur und bin gespannt, was er zu berichten hat.

Von Anfang an.

Sie nennen mich Mio. Neun Monate durfte ich im Bauch meiner Mama wachsen. Dann war es soweit!

Ich habe das Licht der Welt erblickt. Am 11.11.2017 um 6.10 Uhr. Woher ich das so genau weiß? Na, meine Menschin hat mir das erzählt. Aber weiter...

Also so richtig gesehen habe ich nichts, denn es war ganz dunkel und doll kalt. Wir Rinder sind sogenannte Nestflüchter, das bedeutet, wir sind kurz nach der Geburt in der Lage aufzustehen und schon am ersten Lebenstag finden wir uns in unserer Umgebung zurecht. Wir laufen mit unserer Mutter mit, die uns mit Milch aus ihrem Euter versorgt. Das Euter finden wir instinktiv. -

Nachdem ich den ersten großen Schluck Milch getrunken habe war ich dann doch sehr müde.

So eine Geburt ist echt anstrengend. Also habe ich mich hingelegt und ein bisschen geschlafen. Mama hat ja auf mich aufgepasst. Ein gutes Gefühl!

Das ist eine Besonderheit habe ich gehört. Denn die meisten Kälber werden direkt nach der Geburt von der Mutter getrennt. Dann in so nen komischen Verschlag gebracht, wo sie alleine sein müssen. Keine warme Milch. Keine warme Mama.

Das verstehe ich nicht, denn wo ich geboren wurde, werden die Kühe ja auch gemolken, die Milch zu Käse verarbeitet oder getrunken von den Menschen.

Aber es blieb immer genug für uns Kälber übrig. Und wir durften bei unseren Müttern sein. Ich kann und mag mir gar nicht vorstellen, wie schrecklich es ist, alleine und voller Angst vom ersten Atemzug an „leben" zu müssen.

Durch diesen Stress und teilweise schlechtem Fütterungsmanagement, sowie Fütterung mit Milchaustauschern (Bäh! Die Armen! Was soll man denn da austauschen?!) entwickeln viele Kälber schmerzhafte Labmagen Geschwüre. Ohje, ich stell mir das voll schlimm vor, immer Bauchschmerzen zu haben. Eine Menschenfrau mit Namen Dr. Corinne Bähler aus der Schweiz hat das untersucht und festgestellt. Ihre Ergebnisse könnt ihr alle in diesem Internet finden.

Das finde ich gut, denn vielen meiner Artgenossen geht es sehr schlecht. Und so erfahren immer mehr Menschen auch von den Problemen die meine Artgenossen haben.

Aber uns ging es ja gottseidank gut und die ersten Monate meines Lebens habe ich eigentlich nichts anderes getan, als Fressen, Milch trinken, Schlafen und Spielen mit den anderen Kälbern. Wenn unsere Mütter zum Melken gegangen sind, haben wir Kälber uns aneinander gekuschelt und ein bisschen gechillt.

Wir waren eine ziemlich coole Gang! Mein Halbbruder Deus, 4 Monate älter als ich, hat von Anfang an auf mich aufgepasst. Boah, immer wollte der mich putzen (macht er bis heute).

Boah, große Brüder sind echt manchmal anstrengend!

Freunde

Wir Rinder gehen untereinander ganz enge Freundschaften ein. Die halten ein Leben lang!

Deus beste Freundin war zum Beispiel Sputnik.

Die Beiden sind nur wenige Tage auseinander geboren.

Bei uns in der Mutterherde gibt es auch voll enge Freundschaften bei den Müttern. Alma und Edelweiß zum Beispiel.

Die essen am liebsten zusammen, liegen eng aneinander beim Wiederkauen, putzen sich doll gegenseitig und passen gegenseitig auf ihre Kälber auf. Das machen Kühe übrigens öfter. Sie lassen auch fremde Kälber aus der Herde manchmal trinken. Deus und ich haben auch abwechselnd bei unseren Müttern getrunken. Ich sag Euch, da ging es manchmal ganz schön kuddelmuddelig zu.

Und wenn sich eine Kuh mal nicht so gut fühlt kann es sein, dass sich die Freundin schützend vor sie stellt. Damit kein anderes Herdenmitglied ihre Freundin mobben kann.

Es gibt auch genauso Kühe die sich nicht leiden können. Die konnten sich bei uns aus dem Weg gehen, weil da immer genug Platz war. Wenn der Platz allerdings zu wenig ist, dann gibt`s auch schon mal Verletzungen. Wenn wir Rinder uns nämlich entscheiden, dann so richtig. Ohne Kompromisse. Dann boxen wir auch schonmal mit unserem Schädel und den Hörnern.

Hierarchie

In so einer Herde wie bei uns gibt es die ranghohen und die rangniedrigen Tiere, die Aufgeweckten, die Ruhigen, die Wilden, die Lustigen, die Langweiligen und noch viel mehr. Eine ist die Chefin. Wenn neue junge Kühe dazu kommen ordnet sich die ganze Rangordnung wieder um. Hui, da scheppert es manchmal ganz schön!

Ähnlich wie bei den Menschen.

Inzwischen kenne ich ganz schön viele von diesen Menschen und da hat auch jeder eine ganz eigene Energie und Art und Weise. Manche von Denen tun voll laut und wild, aber in Wahrheit haben die die Energie eines kleinen Mäuschens.

(ich möchte jetzt natürlich keine Maus beleidigen, dies dient als bildlicher Vergleich…) Manche sehen total unscheinbar aus, haben aber in Wirklichkeit die Präsenz oder auch Energie eines Löwen.

Es gibt liebevolle, fürsorgliche, egoistische, doofe und auch die, die die anderen immer ärgern.

Es gibt aber auch Einzelgänger, so wie die Venus. Die hab ich immer nur von Weitem gesehen. Auch ihre Kälber wollten nicht so richtig mit uns spielen. Wahrscheinlich haben die das ihrer Mutter nachgemacht. Venus ist ziemlich rangtief und versucht möglichst unsichtbar zu sein. Schafft sie natürlich nicht. Denn die ist voll schön.

Ihre Rasse ist auch ganz besonders. Altes deutsches Niederungsrind. Gibt`s nicht mehr soviele von.

Genau wie Deus und ich auch keine üblichen Ochsen sind.

Wir sind nämlich Braunvieh. So heißt unsere Rasse. Darum sind wir ja auch braun… Wir kommen ursprünglich aus der Region um die Alpen. Also Österreich, Schweiz und Teile Deutschlands. Ganz unsere Ursprünge liegen in der Schweiz. Und es gibt eine Unterart, die heißen dann Swiss Brown. 2016 wurde unsere Rasse sogar zusammen mit dem alten deutschen Niederungsrind zur „gefährdeten Nutztierrasse des Jahres" erklärt. Und zwar von der Gesellschaft zur Erhaltung alter und gefährdeter Haustierrassen.

Umzug

Im Frühjahr sind wir dann mit der ganzen Herde auf eine schöne, grüne, große Weide gezogen. Zweimal am Tag sind wir mit unseren Müttern zum Hof geholt worden, damit die gemolken werden konnten.

Alleinerziehend und Berufstätig nennt man das in der Menschenwelt wohl.

Aber das Tollste waren unsere Nachbarn. Zu denen sagt man Pferde. Die haben keine Hörner, aber sehen voll elegant aus und bewegen sich total graziös. Hui, und so schöne lange Hälse haben die! Hach. Wie gerne wäre ich auch so ein Pferd.

Nicht nur wegen der Eleganz, sondern auch, weil da jedes Pferd seinen eigenen Menschen hatte. Die wurden jeden Tag besucht und haben mit ihren Menschen Sachen gemacht. Tolle Sachen wie Hüpfen, Synchron laufen, manchmal auch reiten und all so Sachen mehr.

Auch Mütter mit Fohlen waren dabei. Die Pferdekinder dürfen auch nur 6 Monate ca. bei ihren Müttern bleiben. Dann leben die, wie wir auch, in kleinen Gruppen mit Gleichaltrigen zusammen. Warum eigentlich nur Gleichaltrige? Die meisten von uns Rindern werden ja leider nicht alt genug, um die Auswirkungen auf ihr Verhalten zu sehen. Das durch ein Leben ohne Führung durch Alttiere an Stress für die Youngsters entsteht. Aber ich glaube, das viele Probleme, die Pferde im Umgang mit Menschen machen, dadurch entstehen. Denn dann müssen die viel zu früh selbst auf sich aufpassen und lernen viele soziale Dinge nicht, die in einem Familienverband selbstverständlich wäre. Aber das nur am Rande.

Ob die Pferde dann auch irgendwann den gleichen Weg wie die meisten von uns Rindern gehen? Also sterben um als Nahrung zu dienen? Oder haben die eine andere Bestimmung? Also ich weiß, manche Menschen essen Rinder und Schweine, und Geflügelte auch.

Aber ich glaube die Pferde sind so voll tabu! Warum eigentlich? Ist das nicht total egal?

Mama hat mir erzählt, dass da wo sie geboren wurde, auch Pferde als sogenannte Nutztiere gehalten wurden. Das waren dann meist so dicke Rassen mit viel Fleisch. Also, ich finde, wenn schon, denn schon. Gleiches für alle!

Am liebsten natürlich Leben!

Ein schwieriges Thema, das gebe ich zu. Aber ich finde, manchmal ist das Leben durchaus etwas komplizierter. Und es ist doch erlaubt, sich Gedanken zu machen...

Übrigens ist das erste was die meisten Menschen, die uns kennen lernen wollen fragen, ob wir gerettet sind. Was bedeutet denn dieses Retten?

Klar ist es toll, das wir leben dürfen. Und es gibt inzwischen auch ganz tolle Lebenshöfe, wo unsere Artgenossen ein artgerechtes Leben führen dürfen. Bis zum Schluss.

Rette sich wer kann.

Unsere Menschin sagt immer, die meisten Menschen die Pferde oder Rinder retten wissen gar nicht, wieviel Arbeit und Kosten auf die zukommen! Und dann landen die geretteten Tiere doch oft aus Überforderung und/oder Nichtwissen auf den Tellern…

Oder im Falle der Pferde schwer verhaltensgestört durch falsch verstandene Tierlieb, bzw. Vermenschlichung auf dem Abstellgleis, weil sie weder handelbar noch vermittelbar sind.

Wenn schon retten, dann mit Sinn und Verstand und in Hände, die das Fachwissen und die Möglichkeiten haben artgerechtes Leben zu bieten! Es gibt tolle Lebenshöfe, die es sich zur Aufgabe gemacht haben uns ein gutes Leben bis zum natürlichen Ende zu bieten.

Ja, es ist wirklich ganz schlimm wie viele von uns „Nutztieren" „leben" müssen, bis sie nach einem viel zu langen Transport verängstigt und allein gelassen sterben. Ich finde, das muss unbedingt geändert werden! Verstehe garnicht wie die Menschen sowas zulassen können!

Ich finde, jeder der Fleisch essen möchte muss wissen wo es herkommt, wie wir gelebt haben!

Also so wie früher, also ganz früher.

Tiere und Menschen haben immer zusammengelebt und waren aufeinander angewiesen. Wir Tiere sind sicher auch nicht immer gut behandelt und gehalten worden. Ich glaube das hat aber auch damit zu tun, wie die Menschen selber leben können. Wenn nicht immer alles im Überfluss vorhanden ist, bekommt das Wort Wertschätzung wieder mehr Wert. In der heutigen Zeit haben die Menschen echt den Überblick verloren, über das was wirklich benötigt wird. Und was überflüssig, bzw. im Überfluss vorhanden ist. Die Leidtragenden sind wie immer die, die sich nicht wehren können... Also in diesem Fall wir, die Tiere.

Noch ein Umzug

Im frühen Sommer haben wir uns dann von unseren Müttern trennen müssen und sind zusammen in ne coole Jungs und Mädels WG gezogen. Auf so eine ganz tolle Weide mit Bachlauf, vielen Bäumen und Gras satt.

Unsere Mütter haben ja wieder ein neues Kalb im Bauch, dass dann die Milch benötigt. Darauf haben die sich dann vorbereitet. Außerdem müssen Milchkühe jedes Jahr ein Kalb bekommen, sonst geben die ja keine Milch. Eigentlich logisch oder?

Das war echt gut, dass auf der Weide so viele Bäume waren, an denen wir uns kratzen konnten. Vor allem am Kopf, da wo die Hörner rauskommen, hat es immer wieder gejuckt. Wahrscheinlich wenn die gewachsen sind.

Hörner sind total wichtig für uns. Wir brauchen sie zum Kommunizieren, zum Kratzen, im schlimmsten Fall als Waffen Das aber nur im Notfall, wenn wir uns gar nicht mehr anders zu helfen wissen, also nicht abhauen können.

Und beim Wiederkauen. Da werden die Hornansätze ganz warm, warum haben die Menschen noch nicht komplett alles erforscht. Menschen müssen ja immer alles mit dem Kopf analysieren und ganz genau wissen, darum haben die auch verlernt mit dem Herzen zu sehen und nach ihrem Bauchgefühl zu gehen. Also einige von denen.

Ich zum Beispiel bettele meine Menschin mit den Hörnern an. Das hab ich mir ganz alleine ausgedacht!!!

Dann kitzel ich die immer son bisschen, bis ich Beachtung bekomme und gestreichelt werde. Ganz schön schlau von mir. –

Unter dem Horn was sichtbar ist, ist ein mit ganz vielen Nerven und Blutbahnen durchzogener Zapfen. Der ist bei erwachsenen Tieren ca. 8-15 cm lang. Die Zapfen wachsen seitlich aus dem Kopf und haben ihren Ursprung tief in unserer Stirnhöhle. Darum ist es auch unglaublich schmerzhaft, wenn wir uns durch einen Unfall ein Horn abreißen. Und blutet zudem doll.

Die Hörner werden auch ganz warm, wenn wir Wieder-kauen. Ist logisch oder? Unser ganzer Stoffwechsel wird dann ja benötigt. Das mit unserem Stoffwechsel und unserer Verdauung ist ja auch nochmal anders als bei den Pferden.

Die fressen, haben einen Magen, verdauen und hinten kommen Äpfel raus. Zack fertig.

Wir Rinder schlucken große Mengen an Futter auf einmal in uns herein. Pro Tag brauchen wir als ausgewachsene Tiere ca. 20-30 KG gutes Futter. Am besten gutes Heu oder Gras. Wie die Pferde auch. Im Unterschied zu denen, schlingen wir aber unsere lange Zunge um das Futter und schlucken es dann runter. Pferde zupfen mit ihren Schneidezähnen oben und unten die Halme, wir haben nur eine Reihe Zähne im Unterkiefer, dafür eine sehr starke Hornplatte im Oberkiefer an der das Futter „gerieben" wird.

Wir fressen auch gerne Schrot (gemahlenen Hafer, Gerste oder so.) Und Mineralien sind voll wichtig. Außerdem lieben wir Karotten, rote Beete oder Maiskolben.

Wir Rinder sind Wiederkäuer, haben 4 Mägen und ein ziemlich abgefahrenes Verdauungssystem.

Voll kompliziert. Ich versuch das mal zu beschreiben:

Also, das Futter wandert als erstes vom Maul in die Speiseröhre, von dort flutscht die Nahrung zum ersten Magen, dem Pansen. Er stellt eine Art Gärkammer mit unzähligen Bakterien und Einzellern dar. Hier wird die schwerverdauliche Zellulose des Grases in verwertbare Nahrungsbausteine zerlegt. Dabei bauen die Bakterien, die Zellulose ab, dienen selbst als Nahrung der Einzeller, die dann von den Verdauungssäften zerlegt werden.

Dann flutscht der Futterbrei zum Netzmagen, dort werden die noch faserigen Nahrungsteile aus dem Pansen zu sogenannten Futterballen geformt, die mit einer Art Rülpser über die Speiseröhre wieder zurück zur weiteren Zerkleinerung ins Maul gelangen. Das kauen wir dann gründlich wieder durch und schlucken es wieder ab. Der Futterbrei rutscht nun in den Bättermagen, dort wird aus dem Nahrungsbrei das restliche Wasser heraus gepresst und zurück in den Netzmagen geleitet, wogegen der restliche verdickte Brei weiter in den Labmagen gelangt. Der funktioniert dadurch, dass Magensäure und körpereigene Verdauungsenzyme (ohne Hilfe von Bakterien und Einzellern) die Eiweiße abbauen.

Hier werden auch die Bakterien und Einzeller abgetötet und soweit möglich verdaut.

Klaro?
Dann sind natürlich noch Leber, Gallenblase, Dünn-Blind- und Dickdarm an dem ganzen Verdauungsvorgang beteiligt.

Am Ende heraus kommt der sogenannte Kuhfladen.

Das unterscheidet uns ganz deutlich von Pferden. Denn während wir einen grossen Teil des Tages damit verbringen nach innen gerichtet zu sein und fast meditativ und ruhend wiederkauen, sind Pferde weg so schnell wie der Wind wenn was (auch nur vermeintlich) nicht sicher scheint.

Auch wenn wir Rinder zu den Fluchttieren gehören wie die Pferde auch, stellen wir uns eher der Gefahr, beobachten und behaupten uns. Ohne dabei stur und stumpf zu sein. (wie so manche Menschen behaupten) Im Gegenteil. Wir haben hellwache Sinne und nehmen kleinste Veränderungen wahr.

Gehörnt

Auf der anderen Seite der Weide (da wo die Pferde nicht waren), da waren auch Rinder. Die waren aber ohne Hörner. Sieht voll komisch aus. (Es gibt auch genetisch hornlose Rassen wie Angus, bei denen ist die Kopfform auch etwas anders als bei behornten Rassen…) Die haben uns dann übern Zaun erzählt, dass denen die Hornansätze als Kälber richtig ausgebrannt werden. So richtig mit heißem Feuer.

Angeblich wegen des Verletzungsrisikos untereinander. Aber das glaube ich nicht. Ich glaube die Menschen haben nur eine Möglichkeit gesucht, wie sie noch mehr Tiere auf noch weniger Platz zusammenpferchen können, um noch mehr Milch und Fleisch für die anderen Menschen zu produzieren. Normal wäre doch, nur soviel zu produzieren, wie gebraucht wird. Alles andere ist doch echt sinnlos. Menschen sind wirklich manchmal komisch. Immer mehr, immer doller, überall, ohne Rücksicht auf Verluste, und wenn`s dann schiefgeht rumheulen und den anderen oder den Umständen die Schuld zu schieben.

Da sind wir Rinder echt anders. Im Laufe der Zeit mussten wir uns an so viele Gegebenheiten oder oft auch Ungegebenheiten (das Wort habe ich gerade erfunden, spiegelt aber ziemlich genau das wieder, was ich empfinde) anpassen. Da sind wir Weltmeister drin.

Familienbande

Die Nachbarn konnten gar nicht glauben, dass wir mit unseren Müttern solange zusammen sein durften.

Waren voll traurig. Ich glaube, jeder wäre das an deren Stelle. Wir waren auch viel kräftiger, größer und stärker als die, obwohl wir alle ungefähr gleichalt waren. Ob das daran liegt? Behütet wachsen zu können ist doch für alle Lebewesen wichtig, oder?

So hatten wir eine echt tolle und unbeschwerte Zeit. Deus war am meisten mit seiner besten Freundin Sputnik zusammen. Manchmal haben wir auch zu dritt Sachen gemacht. Sputnik ist lustig. Voll schräg, total wild und manchmal tief in ihrer eigenen Welt abgetaucht. Ihre Mutter Sprotte ist eine der ältesten Kühe auf dem Hof, wo wir geboren sind. Nur Elba ist noch älter. Das ist die Schwester von Sprotte. Elba war damals 16 und Sprotte 15 Jahre alt. Wie ich gehört habe, für Milchkühe heutzutage ein biblisches Alter. Die meisten werden höchstens 6, vielleicht 7 Jahre alt. Das ist nur ein bißchen älter wie ich heute. Oft können die Kühe dann nur noch unter grossen Schmerzen laufen, das Euter ist so groß und zieht schmerzhaft nach unten. So wie wenn ich einen vollen 50 l Kanister zwischen den Hinterbeinen transportieren müsste. Keine schöne Vorstellung.

Die tun mir voll leid, diese Hochleistungskühe. Es gibt noch eine tolle Besonderheit, da wo ich herkomme. Wir hatten auch einen Stier in unserer Herde. So ne Art Papa für alle. Auch wenn der nicht mein richtiger Papa ist. Ich und mein Bruder sind ja Braunvieh. Gyso ist auch ein altes deutsches Niederungsrind. Genau wie Venus. Nur anders. Wow! Der ist voll mit dabei. Spielt auch mal mit uns Kleinen. Oh, ich habe den bewundert!

Lebensgedanken

Wir Rinder haben in der Geschichte der Menschen schon fast immer eine große Rolle gespielt. Wir haben eng mit ihnen zusammengelebt, wurden meist gut behandelt und umsorgt, aber wir haben auch viel Leid ertragen müssen.

Wir haben mit den Menschen die Felder bestellt, indem wir verschiedene Geräte gezogen haben. Vor allem wir Ochsen wurden gerne vor Karren gespannt, weil wir soooo stark sind. Angeblich ist ein Ochse so stark wie zwei Pferde! Tatsächlich haben einige von uns sogar in Kriegen Kanonen gezogen. Gottseidank ist ja heute sowas wie Krieg nicht mehr.

Wenn einer von uns sterben musstten, wurde alles von uns verwertet. Also so innen und außen und von oben bis unten. Ein nicht so schönes Thema, dass wir den Menschen auch als Fleischlieferant und Lederlieferant dienen. Aber da geht es uns Rindern nicht anders als vielen sogenannten Nutztieren auch. Und das kannste auch nicht schönreden. Aber wenn das schon so sein muss, wäre es da nicht selbstverständlich das wir artgerecht leben dürfen bis es soweit ist?

Unsere natürlichen Bedürfnisse befriedigt werden?

Und wir dann nach kurzem, oder besser noch, keinem Transport sterben dürfen.

Ach, das ist natürlich auch für mich ein sehr trauriges Thema. Denn die meisten aus unserer Gruppe, die so alt sind wie ich sind schon tot.

Und Deus und ich? Tja wie soll ich es sagen? Wir haben das große Los gezogen!!

Neubeginn

Wir wurden zu zweit auf einen dieser rollenden Kästen geladen, dann war es sehr laut und rumpelig. Nach einiger Zeit war es wieder ruhig. Und wir durften aussteigen

Die Menschin, die bei meiner Geburt dabei war, hat uns zu sich nach Hause geholt!! Die hat in der letzten Zeit schon ganz viel mit dem Deus geübt und die beiden sind hin und her und kreuz und quer überall rumgelaufen. Deus sagt, das macht voll Spaß!

Boah! Was war das für eine tolle Überraschung! Wir sind jetzt zwar nur noch zu zweit, aber unsere Menschin hat gesagt, wir dürfen bei ihr bleiben.

Erstmal haben wir angefangen uns mit unseren Mitbewohnern bekannt zu machen.

Pferde! Juhu, ich hab mich so gefreut!!!!

Die Freude war aber leider nur von kurzer Dauer, denn die beiden Pferde, die mit uns zusammen auf der Weide waren, waren voll doof!!! Die haben uns angeschrien und gejagt. Einfach so aus Spaß! Und auch nicht damit aufgehört, als eine wunderschöne schwarze Pferdemutter über den Zaun geschimpft hat. Aha! Also gibt es bei den Pferden auch doofe. So wie bei uns Rindern.

Bisher dachte ich, die wären alle toll. Naja, mal sehn. Jedenfalls ist die Menschin dann dazwischen gegangen und hat auch laut geschimpft! Okay, also auf die hören hier scheinbar alle. Muss ich mir merken.

Was nun folgte war ein gänzlich unbeschwerter Sommer. Mit großartigen Unternehmungen!

Nun haben wir auch eine eigene Menschin. Mit der wir Sachen machen. Viele tolle Sachen! Das allerschönste ist für mich immer, wenn ich ganz alleine Zeit mit ihr verbringen darf. Ich bin ja doch ein bisschen eifersüchtig, auch wenn die sagt, sie hat uns beide gleich lieb. Also den Deus und mich. Was wir beide sehr gerne mögen sind sogenannte Spaziergänge. Das machen die Menschen manchmal. Einfach so. Und nun durften wir mit!

Boah! Was das da alles zu sehen und zu riechen gibt!!
Wir Rinder haben nämlich ne ganz tolle Nase mit der wir
ganz fein riechen können. Wir wittern das über große
Distanzen, wenn zum Beispiel andere Rinder wo gegangen sind. Oder auf eine Wiese gestellt wurden.

Erstmal musste die Menschin ja überhaupt lernen, wie
wir kommunizieren. Jedes Lebewesen hat eine ganz in-
dividuelle Körpersprache. Und Energie. Wir Rinder sind
zum Beispiel viel körperlicher als die Pferde. (Naja mal
abgesehen von dem einen, son grauer…)

Zum Beispiel sind unsere Ohren nicht wie beim Pferd
Gradmesser der Stimmung. Wir drehen die zwar auch,
um zu hören aus welcher Richtung ein Geräusch kommt,
ansonsten sind sie prima Fliegenwedel.

Aber unser Gehör ist trotzdem so fein, dass wir die Ult-
raschallrufe von Fledermäusen hören können. Ich
schwör!

Kommunikation und Bodenarbeit

So grundsätzlich haben wir die gleichen Bereiche zum Treiben oder Bremsen wie bei den Pferden, also wo wir vorwärts gehen, anhalten oder abwenden oder so. Simpel gesagt, hinter der Schulter treibt, vor der Schulter bremst. Allerdings ist ja unser Hals zum Beispiel viel kürzer, also ist Mensch viel schneller in seinen Reaktionen gefragt. Und wir wägen ziemlich ab. Ob und wann. Beim Pferd kannste Druck machen, dann laufen die. Wir Rinder sind da etwas anders, hinterfragen viel mehr, sind uns von Anfang mehr unserer eigenen Kraft bewusst. Sagt zumindest meine Menschin.

Wir haben ganz viele tolle Ausflüge gemacht. Manchmal kommen uns da auch andere Menschen entgegen. Die werden immer ganz weich in ihrer Energie, wenn die uns sehen. Und wollen uns immer streicheln. Und fragen der Menschin Löcher in den Bauch. Warum wir bei ihr sind. Was die mit uns macht. Können gar nicht glauben, dass Rinder, genau wie Pferde, voll die tollen Begleiter sein können. Ich fühl mich da immer ziemlich stolz! Wir sind ja sozusagen Botschafter für unsere Spezies. Damit die Menschen besser wissen, was wir für Bedürfnisse haben. Und wie wundertoll wir sind!

Wenn wir zuhause lernen, gehen wir auf den sogenannten Reitplatz. Da ist ein grosses und ein kleines Viereck mit Schnüren eingezäunt. Dort lernen wir Sachen.

So Sachen wie am langen Zügel laufen (Deus) oder tolle, rasante Sachen wo ich über mit Sand gefüllte Reifen renne, auf Podeste klettere oder vorwärts und seitwärts über und durch Stangenlabyrinthe gehe. Volle Pulle auf Planen springen macht am meisten Spaß! Deus macht ja lieber so die ruhigen Sachen. Ich nicht! Je wilder, desto besser ist meine Devise!

Und dann sind wir tatsächlich eines Tages einmal auf eine sogenannte Veranstaltung gefahren. Da hatten wir unseren großen Auftritt!

Der Deus hat toll ausgesehen und ist voll so wie ein König da rumstolziert. Und ich? Ich durfte Gas geben. Bin aufs Podest geklettert, volle Ölle auf ne Plane gesprungen, über Stangen gehüpft und hab rumgewirbelt.

Aber toll ausgesehen hab ich auch! Die Besucher haben doll ihre Klauen aneinander geklopft und sich voll über uns gefreut!

Da soll nochmal einer sagen, wir Rinder sind stur und doof.

Empathie

Neulich ist mir was echt Schlimmes passiert. Ich hab mich auf der Weide verwickelt. In ein altes Stück Schnur vom Elektrozaun. Und was ich mache, mache ich ja bekanntlich so richtig dolle. Dabei hab ich es nur gefunden und wollte damit spielen. Dann hat sich die Schnur um den Hals und einen Vorderfuß gewickelt, ich konnte ich mich überhaupt nicht mehr bewegen. Hab ich es doch versucht, hat die doofe Schnur tief und schmerzhaft in mein Bein und meinen Hals eingeschnitten.

Und dann hat mein Bruder Deus was ganz Tolles gemacht! Der hat um Hilfe gerufen. Ganz laut und doll. Bis die Menschin uns gehört hat und aus ihrem Stall gekommen ist.

Die hat dann schnell ein Messer geholt und die ollen Schnüre durchgeschnitten. Dann war ich wieder frei, gottseidank. Aber das hat noch ein paar Tage echt weh getan und das Bein war auch noch dick.

Echt toll, dass Deus sich so um mich gekümmert hat und noch viel toller, das unsere Menschin ihm zugehört hat!

Der Deus ist wirklich ein großartiger „Kümmerer". Wir hatten eine Zeitlang noch Besuch von seiner Freundin Sputnik. Die durfte bei uns Urlauben. Ich fand da ja nicht so toll. Weil, ich fühlte mich da oft ausgeschlossen. Alleine. Aber die Beiden kennen sich ja auch viel länger.

Das kennt doch glaube ich jeder, wenn Du mit jemanden viel Zeit verbringst und plötzlich kommt dann noch jemand dazu. In diesem Fall Sputnik. Auch wenn Die total nett ist, fühlte ich mich so… wie überflüssig.

Trotzdem hatten wir auch eine ganz schöne Zeit zu dritt, Deus hat auch viel mit mir gespielt. Und geschimpft, wenn Sputnik mich geärgert hat. Toll so ein grosser Bruder.

Die Sputnik ist aber auch echt schräg. Lebt so voll in einer anderen, ihrer Welt. Ich kann das so garnicht richtig in Worte fassen. Anders wie wir halt. Andererseits ist Anders ja nichts Negatives. Ganz im Gegenteil!

Wenn alle gleich wären, sähe die Welt aber ganz schön langweilig aus.

Und dann ist Sputnik wieder abgeholt worden.

Ich kann Euch sagen, da war vielleicht was los! Der Deus hat ganz lange noch dagestanden und dem rollenden Kasten, wo die Sputnik drin war, hinterher gerufen. Der hat noch Tage danach immer wieder gemuht und gewittert ob sie nicht doch wieder zurückkommt. Das war echt doll traurig. Immer wenn so ein rollender Kasten an unserem Zuhause vorbeigefahren ist, hat er wieder geschaut und gehofft das sie zurückkommt. Aber kommt sie nicht, die ist jetzt eine richtig echte Milchkuh, also eine Kollegin unserer Mütter. Keine Ahnung ob das jetzt gut oder schlecht ist.

Wenn wir Freundschaften eingehen sind die echt tief und überdauern auch mal Krisen. Wir vergessen auch nicht wer nett und wer doof zu uns war. Das sagte ich ja schon- Egal ob Mensch oder anderes Tier.

Ich glaube, ein Grund warum viele von den Menschen Angst vor uns haben ist, das unser Wesen gar nicht mehr richtig kennen.

Vor allem die Menschen, die in diesen grossen Massenställen wohnen. Da werden die teilweise übereinandergestapelt in ihren Ställen. Ähnlich wie einige von uns, nur das die Menschen nicht alle zusammen, sondern in engen Einzelställen nebeneinander leben.

Dann kann man sich auch schonmal selber verlieren.

Aber ich wollte ja hier schöne Sachen aus meinem, unserem Leben berichten.

Aufgaben

So verging eine echt schöne unbeschwerte Zeit. Deus und ich haben viele Ausflüge gemacht und immer wieder neue tolle Sachen gelernt. Also immer zusammen mit unserer Menschin.Eines Tages kam diese mit einer anderen zu uns auf die Weide. Wir haben da gemütlich gelegen und gechillt. Die andere Frau hatte eine ganz komische Energie für mich. Deus sagt, ich muss keine Angst haben, diese Menschin trauert.

Für mich war das so, als ob die einen schweren, schwarzen Seelenumhang anhat.

Fand ich trotzdem total spooky, ich hab mich da lieber im Hintergrund gehalten. Musste auch immer doll Gähnen, um die Spannung abzubauen. (Das machen Menschen übrigens auch).

Trauern. Ja das Gefühl kenne ich. Das ist, wenn etwas oder wer ganz ganz wichtiges liebgewonnenes plötzlich aus unserem Leben verschwindet. Oder so ähnlich.

Die Frau hat sich neben Deus gesetzt und er hat ganz lange ganz still gelegen, auch als die ihren Kopf in sein Fell gemacht hat. Ab und zu hat sie mit unserer Menschin ein paar Worte in Menschensprache ausgetauscht, um dann wieder in Deus zu versinken. Nach einiger Zeit (später habe ich erfahren ziemlich genau 1 Stunde zehn Minuten Menschenzeit) sagte die Frau plötzlich: So! und hat tief ausgeatmet.

Was auch immer So! bedeutet, jedenfalls war Sie für mich danach nicht mehr so erschreckend. Und den schwarzen Umhang hatte sie auch ausgezogen, auch wenn sie immer noch eine etwas traurige Energie hatte. Aber so eine Trauer ist ja auch nicht in einer Stunde weg.

Wow! Mein Bruder, der Menschenflüsterer!

Unsere M. hat uns dann später erzählt, dass die tiefe Ruhe, die von Deus ausgegangen ist, der Frau geholfen hat wieder in ihre Kraft zu kommen und ihre Gedanken und Gefühle zu sortieren.

Trauergedanken

Wenn wir jemanden geliebtes verlieren, sei es durch einen natürlichen Tod oder durch die Einwirkung von außen trauern wir. Vor allem wenn dieser „plötzlich" weg ist und wir keine Möglichkeit haben, uns zu verabschieden. Zu vergewissern, das dort nur noch die Fellhülle liegt.

Ich war dabei als ein Tier gestorben wurde. Das war die Nelli. Die hat ja hier gelebt und war immer berühmt berüchtigt bei den Menschen. Ich fand die eigentlich ganz nett, aber die war so sehr krank, dass sie eingeschlafen werden musste. Von einem Tierarzt.

Unsere Menschin stand mit ihr mitten zwischen uns und hatte diese leckeren Möhren in der Hand. Die durfte Nelli sonst zwar nie essen, aber da sie ja nun auf die Reise musste gab es eine Ausnahme.

Das Ende der Möhre war noch nicht in ihrem Mund verschwunden, da ist sie plötzlich umgefallen. Später hat die Menschin mir erklärt, dass das von den Sachen war die in der Tierarztspritze waren. Und das Nelli jetzt tot ist. Was auch immer Tot ist bedeutet.

Boah, ich hab mich voll erschrocken. Ich hatte zwar vorher das komische Gefühl das irgendwas passiert, aber auf das war ich nicht vorbereitet. Der Menschin kam ganz viel Wasser aus den Augen und die anderen Tiere waren auch ganz anders als sonst.

Wir durften dann alle nochmal zu Nelli hin, bzw. zur Nellihülle.

Komisch, jeder von uns ist anders mit dieser Situation umgegangen.

Der Habakuk war voll unsicher und wusste garnicht was der tun sollte... Hat dann die Möhrenreste aus Nellis Mund geklaut. Askia hat Nelli sogar nochmal in die

Schulter gebissen, als ob sie sie aufscheuchen wollte, die war traurig und sauer gleichzeitig.

Prinz hat Nelli noch einmal angestupst und ist dann traurig weggegangen.

Der Ponymann hat das alles aus der Ferne beobachtet, später als wir alle weggegangen waren hat er sich ganz lange, ganz alleine neben seine alte Freundin gestellt und Abschied genommen. Das war am traurigsten.

Deus und ich mussten ganz viel gähnen, es war eine ganz komische Stimmung, die wir nicht einordnen konnten und dann sind wir zu unserer Menschin gegangen und die hat uns dann in den Arm genommen und wir waren alle zusammen traurig.

Kommunikation.

Das ist echt spannend.

Kommunikation geht doch auf voll vielen Ebenen. Nicht nur über Laute. Sondern vor allem auch über Energie. Oder Präsenz. Manchmal auch körperlich.

Menschen zum Beispiel wissen oft gar nicht mehr, wie man über die Körpersprache und Energie kommuniziert. Das haben die irgendwie vergessen oder verlernt.

Die kleinen Menschen, ich glaube Kinder heißen die, können das meistens noch. Aber wenn die grösser und älter werden, wird das bei vielen von denen immer weniger, ich glaube durch das was die erlebt haben. Und auch durch Erziehung.

Dabei ist das gar nicht so schwer.

(Zuweilen sind diese Menschen echt komisch. Die haben den Anspruch die Krone der Schöpfung zu sein. Auf der anderen Seite machen sie manchmal das was sie vorne aufgebaut haben oft mit ihrer Kehrseite wieder kaputt.)

Das ist bei uns Rindern nicht anders als bei Menschen oder Pferden, oder Hunden, oder auch Katzen. Jeder auf seine ganz persönliche Art und Weise. Wir Rinder zum Beispiel.

Wir sind überhaupt sehr kommunikationsfreudig. Untereinander aber auch mit uns vertrauten und geliebten anderen Wesen.

Ich erinnere mich noch gut an das kurze, kehlige Muhen von Mama wenn sie mich aus den Augen verloren hat, und wir uns dann wieder gefunden haben. Oder einfach so, aus Liebe, oder auch aus Freude.

Leise fast gurrende Laute machen wir, wenn wir gute Freunde begrüßen. Wenn wir aufgeregt sind, uns freuen oder emotional aufgewühlt sind stoßen wir viele verschiedene Laute aus.

Manchmal mache ich auch ein wildes kehliges Muhen, wenn ich mich doll freue und aufgeregt bin. (leider sabber ich dann auch ein bißchen, sorry)

Und der Gyso (der Bulle da wo ich herkomme) , der macht immer so ein ganz tiefes dolles Grollen. Hört sich echt gefährlich an. Glaube damit will der seinen Kühen sagen wie toll er ist!

Aber auch wir kommunizieren über unsere Körpersprache. Und mit und über unsere Hörner.

Genetisch hornlose Rassen haben andere Möglichkeiten, sozusagen einen eigenen Dialekt entwickelt, um zu kommunizieren. Die haben auch eine etwas andere, breitere Kopfform wie wir Hornträger.

Aber das nur am Rande.

Noch mehr **Aufgaben**

Und dann kamen immer mehr, die uns kennenlernen wollten. Zeit mit uns verbringen möchten.

Da sind die unterschiedlichsten Typen Mensch dabei.

Manche sind so voll gechillt, freuen sich mit uns Zeit zu verbringen. Die wollen einfach so mal die Seele baumeln lassen. Das sagen die Menschen so, wenn die sich entspannen wollen.

Mit manchen von den Menschen kann ich ganz leicht in Kontakt gehen. Die sind voll neugierig. Und dann auch total erstaunt, wenn die merken, daß der Deus und ich zwei komplett verschiedenene Energien haben.

Aber das ist ja doch voll normal. Die Menschen sind ja auch alle verschieden und nicht jeder kann mit jedem. A-propos...

Besonders

Eines Tages kam eine ganz besondere Menschin zu uns. Die hatte einen Artikel in der Zeitung über uns gelesen. Da wurden wir als die „Delfine der Weide" betitelt. Ich weiss nicht was Delfine sind, aber ich finde das hört sich toll an. Ich gebe ihr hier mal einen Namen (den echten verrate ich nicht) : Malin

Aber die Geschichte ist wahr!

Also Malin ist so besonders, weil sie ganz dolle viel Glück im Unglück hatte. Nach zwei Hirnblutungen sind da quasi so kaputte Stellen im Kopf.

Sie selber beschreibt es als Stau im Kopf.

Der macht, dass Malin nur sehr schlecht laufen kann und auch nur schwer sprechen. Auch das Atmen ist durch die hohe Anstrengung oft sehr gepresst. Ich stell mir das echt schlimm vor.

Deus und ich standen da und haben gewartet was da so kommt. Malin ist erst zu Deus gegangen, hat aber nach kurzer Zeit zu mir gewechselt.

Hat dann lange an mich gelehnt gestanden, die Hände in meinem Fell vergraben und das Gesicht auch. Ich hab mucksmäuschenstill gestanden! Irgendwie war das auch ein schönes Gefühl. Ich habe gemerkt, wie sie sich mit der Zeit immer mehr entspannt und leichter atmen konnte. Ob das an mir liegt? Bestimmt!

Ich hab ja soviel Kraft, dann kann ich da doch was von abgeben!

Irgendwann habe ich dann aber unserer Menschin ein Zeichen gegeben, dass es mir zuviel wird. Die passt da immer gut auf, dass wir nicht über unsere Kräfte gehen. Alle hier.

Die Malin kam dann alle zwei Wochen und jedesmal spürte ich wie es etwas leichter für sie wird. Sie selber sagt, in Kombination mit den anderen Therapien bin ich aber derjenige, der sie am meisten entspannt und ihr somit am meisten hilft!

Hui! Da bin ich aber voll stolz!

Aber auch so ist voll viel los hier bei uns.

Meistens helfen wir dabei, das die Menschen wieder in ihre Balance kommen, also sich wieder selber fühlen (so von innen) können. Dazu reden die anfangs immer ganz viel in Menschensprache mit unserer Menschin. Dann kommen die in die Herde zu den Pferden und zu uns. Und dann passieren voll tolle Sachen!

Ohne Lippenlärm (Anm.reden)! Nur mit Fühlen! Einfach so.

Oft lösen sich Menschenprobleme dann Pufff!!! so in Luft auf. Die armen Menschen haben echt oft vergessen wie das mit dem Fühlen ist.

Und dann darf ich natürlich Flora nicht vergessen! Also nicht die, die in der Herde war wo ich herkomme. Nein ich meine eine Menschen Flora.

Die ist ganz besonders!

Andere Menschen sagen, die ist behindert. Was ist das überhaupt für ein Wort? Das wertet ja voll ab! Dabei ist die Flora soviel feinfühliger als andere.

Besonders trifft es viel besser. Weil, die hat so eine ganz schöne besondere Energie gehabt. Hat auch nicht viel geredet, also so in Menschensprache. Dafür hab ich gefühlt was für ein liebevolles, grosses Herz die Flora hat! Da kann sich so mancher Mensch der sich für normal hält ne dicke Scheibe von abschneiden!

Wenn wir Zeit zusammen verbracht haben, hat die mich gestriegelt, gestreichelt und ich war immer ganz sanft zu ihr. Damit die nicht kaputt geht. Menschen sind ja doch sehr leicht zerbrechlich. Wenn Flora dann wieder abgeholt wurde, hat die immer voll so Licht und hell wie eine Sonne um sich gehabt. Ganz hell und weich und warm war das. Zur Zeit kann sie nicht kommen, die Menschen haben eine Seuche und müssen sich isolieren. Darum hab ich ja jetzt auch ein bißchen Zeit unsere Geschichte aufzuschreiben.

Manchmal kommen normalerweise auch einfach welche, die ihre Seele baumeln lassen wollen. Häh? Wie kann denn die Seele baumeln? Die ist doch innnendrinne, aber so langsam gewöhne ich mich an die lustigen Erklärungen von den Menschen. Die müssen ja für alles immer einen Namen haben.

Jetzt sind Deus und ich schon fast 4 Jahre alt. Riesig gross sind wir geworden, sagt die Menschin. Und voll schwer!

Deus fast 900 kg und ich ein klitzekleines bißchen weniger. Dafür bin ich grösser! Die Zweibeiner können fast nicht mehr über mich drüber gucken.

Aber das ist ja nur rein äußerlich. Weisst Du was ich meine? Da hab ich ja am Anfang schonmal von geschrieben. (Der Vergleich mit der Maus und der mit dem Löwen)

Es kommt eben immer drauf an, wie es innendrinnen aussieht.

Anmerkung von Claudia: Die Namen der beiden Gästinnen wurden geändert, die Geschichte dahinter stimmt.

Mitbewohner

Wir wohnen ja hier in einer WG mit Pferden zusammen. Die sind auch aller ganz verschieden. Nicht nur von außen, auch von innen hat jeder von denen eine ganz eigene Energie. Mit den meisten von denen komme ich ganz gut zurecht.

Nur ein ganz doofer ist dabei. Son grauer, von dem hab ich ja auch ganz am Anfang schonmal erzählt. Die Menschen sagen Habakuk zu dem. Das ist wahrscheinlich sein Name. Er ist der Sohn der wunderschönen schwarzen Pferdemutter. Die heisst Askia. Und dann wohnt bei denen drüben noch ein buntes Pferd mit dem Namen Prinz.

Auf unserer Seite leben unser Chef Gambit, der Esel (also in Wirklichkeit ist das ein Maultier und heisst Moro) und der Ponymann. Außer uns wohnen hier natürlich noch unsere Menschin mit dem Hund Mogli und der Katze Clärchen.

Wir großen Tiere haben zwei verschiedenen WG`s damit jeder zu seinem Recht kommt und immer stressfrei essen und chillen kann.

Jede kleine Herde hat einen Stall zum unterstellen wenn die Sonne zu doll scheint oder es regnet. Es gibt auf jeder Seite eine Raufe in der Heu ist. Drüben bei den Dicken ist das Heu in grossen Netzen mit kleinen Löchern. Damit die langsamer fressen und nicht noch dicker werden.

Wir dürfen ohne Netz schlemmen, der Ponymann und der Gambit haben nicht mehr so viele Zähne, darum dürfen die bei uns sein. Das wäre ja sonst echt fies. Mit wenig oder ohne Zähne kannste ja auch schlecht Heu aus so nem Netz rauszupfen.

Manchmal laufen wir auch alle zusammen rum. Aber dann müssen Deus und ich immer doll aufpassen, denn der Habakuk ärgert uns gerne. Der ist allerdings nicht nur doof, sondern das hat auch einen genetischen Grund sagt die Menschin. Denn sein Papa ist ein Lusitano Pferd aus Portugal. Die wurden einzig dazu gezüchtet um gegen Stiere zu kämpfen. Auf Leben und Tod! In einer Arena. Dazu wurden nur mit den mutigsten und kämpferischsten Tieren gezüchtet, um diese Eigenschaften an die Nachkommen weiter zu geben. Und der hat mit einem Jahr einen Herzstillstand bei einer OP gehabt. Da hat unsere Menschin den mit Herzdruckmassage wiederbelebt!

Krass! Also beides. Das er überlebt hat, aber auch das in meinen Augen völlig sinnfreie Gemetzel in diesen Stierkämpfen! Was ich mich manchmal frage, ist warum die Menschen so oft meinen, kämpfen zu müssen. Also müssten sie ja nicht, aber tun sie! Und warum benutzen die andere dafür? Das kann dann wohl nicht mehr unter Instinktive Handlung verbucht werden…

Dann lebt drüben noch der Prinz. Der sieht ein bißchen aus wie meine Verwandten, hat große schwarze und weiße Flecken. Voll süß!!! Und der ist total lieb. Mit allem und jedem. Gottseidank! Askia ist die Leitstute, eine wunderschöne schwarze Pferdemutter. Die ist auch nicht ganz schlank, eben so wie wir. Ist ja auch ein Kaltblutpferd. Also ein Arbeitspferd, auch ein sogenanntes Nutztier. Die Rasse heisst Noriker und kommt aus Österreich. Und sie dienten unter anderem auch als Nahrung für die Menschen. Wie wir Rinder.

Bei uns wohnt dann noch der alte Herr Gambit. Ein weiser Pferdemann, der hier seine Zeit genießt. Mit uns und dem Moro und dem Ponymann. Der ist voll cool! Echt sozial und fair. Und verliebt in Askia! Außerdem erzählt der immer tolle Geschichten aus seinem langen Leben. Und wie er seine Menschin erzogen hat. Da muss der auch immer ein bißchen schmunzeln, die beiden sind schon über 20 Jahre zusammen! Da schleichen sich auch zwischen Mensch und Tier lustige Verhaltensweisen ein.

Bestimmung

Jeder von uns hat hier eine Aufgabe. Eine ganz besondere Bestimmung. Jeder einzelne von uns hilft, und zwar Menschen. Zusammen mit unserer Menschin hat jeder von uns eine ganze eigene Art die innere Kraft unserer Gegenüber zu wecken.

Damit die wieder inne Spur kommen. In ihre ganz persönliche, eigene, besondere Spur. Unverwechselbar und ganz individuell.

Wir helfen nach keinem Schema und nach keiner Methode. Okay, die Menschin sagt immer wir machen alles nach dem Nelli-Prinzip. Aber in Wirklichkeit ist das ja auch nur eine Möglichkeit wieder in die eigene Kraft zu kommen.

Die muss das ja wissen, die hat ja voll das krasse Leben hinter sich. Also alles selber erlebt, viel schlimmes. Aber nie, nie aufgegeben! Und hat ihr ganzes Leben lang immer Tiere an ihrer Seite gehabt, die ihr geholfen haben im richtigen Moment, wichtige und richtige Entscheidungen zu treffen. Und heute helfen wir ihr dabei. Damit möglichst viele Menschen ihre verloren geglaubte Kraft wiederfinden.

Komisch eigentlich, dass bei den Menschen immer alles in Kisten, Schubläden und Schachteln gesteckt werden muss. Also gedanklich. Unsere Menschin ist ja immer wieder gefragt worden nach Wem oder welcher Methode die arbeitet. Da hat sie dann irgendwann einfach mal gesagt, das ist das Nelli-Prinzip, Nelli war auch ein Pferd die hier war. Voll schlimm war die, die Nelli. Ihre Geschichte steht in ihrem Buch. Im Dialog mit Nelli.

Also, wenn alles gut und rund läuft, kannste ja auch schonmal sone Methode anwenden. Egal in welchem Bereich. Aber wenn es so ganz tief innen drin Probleme gibt (weil so ne Methode falsch angewendet wurde zum Beispiel) ist es dann nicht voll wichtig mal hinzufühlen? Ob dies oder das, diese oder jene wirklich gut für einen ist? Und dann vielleicht mal den eigenen unverwechselbaren, individuellen Weg nehmen? Vielleicht mit Hilfe von anderen, aber immer mit ganz viel Zuversicht und Liebe.

Ich bin voll neugierig, was das Leben noch so an Überraschungen für uns bereithält. Bestimmt ganz voll viele schöne Sachen. Und den Menschen wünsche ich doll, dass die alle wieder ihre eigene innere Kraft finden!

Alles Liebe und viel Gefühl wünscht Euch eurer Mio.

Nachwort von Claudia

Das war sie, die Geschichte von Mio. Und sie ist hoffentlich noch lange nicht zu Ende.

Ich freue mich auf viele weitere tolle Abenteuer mit meinen beiden „dicken Jungs". Rückblickend kann ich nur sagen, was für eine grosse Bereicherung sie in meinem Leben sind!

Durch die Arbeit mit ihnen und der Herde der Hofgemeinschaft bin ich noch viel bewusster in meinen Entscheidungen und Handlungen geworden, als ich es vorher schon war.

Inzwischen vermischen sich die Welten. Und vor allem ist es mir ein grosses Anliegen ein Bewusstsein für die Tragweite seiner Entscheidungen zu schaffen.

Jeder entscheidet für sich jeden Tag, was er tut und womit sich sein Gewissen verträgt. Unweigerlich drängt sich nach dieser Geschichte bei einigen sicher die Frage auf ob ich Fleisch esse? Oder Milchprodukte konsumiere?

Bin ich ein besserer Mensch, wenn ich ganz vegan lebe? Oder vegetarisch? Oder doch Fleisch esse? Nein, ich glaube nichts davon macht mich zu einem „besseren" Menschen.

Ich möchte nicht besser sein, ich möchte nicht toller sein, ich möchte glücklich sein, vielleicht an manchen Tagen „nur" zufrieden.

Immer in den Spiegel schauen können, respektvoll mit meinem Gegenüber (egal ob Vier- oder Zweibeiner) und hinter meinen Entscheidungen stehen, denn die Einzige die diese Entscheidungen trifft bin ja ich.

Wüsting im Juli 2021

Zum Weiterlesen:

Im Dialog mit Nelli

Autorin: Claudia Mosebach

ISBN: 978-3-7482-9139-8

Kühe verstehen

Autor: Martin Ott

ISBN 978-3-03781-033-0

Das geheime Leben der Kühe

Autorin: Rosamund Young

ISBN: 978-3-442-75792-3

Echte Bauern retten die Welt

Autoren: Wolf-Dietmar und Philipp Unterweger

ISBN:978-3-7020-1757-6

Zeitfracht Medien GmbH
Ferdinand-Jühlke-Straße 7
99095 Erfurt, Deutschland
produktsicherheit@kolibri360.de